Weihnachten 2020

Viel Spaß beim
(aus)probieren !

Wir wünschen Euch
ein frohes Fest ! ♡

Euer Schwesterherz
+ Schwippschwägerin
+ Schwippschwager

sowie Henna, Ella
& Jannes

Je ne
RACLETTE
rien!

MARIA PANZER

MARIA PANZER

Je ne
RACLETTE
rien!

70 internationale Rezepte zum Dahinschmelzen

EMF

EIN BUCH DER
EDITION MICHAEL FISCHER

Inhalt

SÜDAMERIKA   13

USA   31

ITALIEN   49

AUF SCHWIZERDÜTSCH

Seine Wurzeln hat das Raclette bei unseren Nachbarn, den Schweizern. Im Gegensatz zur deutschen Gewohnheit wird dort jedoch ausschließlich der Käse unter dem Raclette-Gerät geschmolzen und landet dann auf Kartoffeln, Gewürzgurken und Silberzwiebeln (siehe S. 126). Und auch hierzulande überbackt man Jahr für Jahr die gleichen Zutaten. Wie wäre es, stattdessen den Blick über den Tellerrand zu wagen und die Küche aus aller Welt auf den Tisch zu zaubern?

So können Sie und Ihre Gäste sich kulinarisch auf eine köstliche Reise begeben, von Urlauben schwärmen, die Sonne und den Sommer an den Tisch holen und dabei neue Rezepte ausprobieren. Kombiniert man das mit dem Ideenreichtum, der beim spontanen Zusammenstellen neuer Pfännchen-Variationen zustande kommt, steht Ihnen ein Abend bevor, den Sie so schnell nicht mehr vergessen werden.

Alles Käse

ODER WAS?

Wie bei den Schweizern steht beim Raclette eine Zutat im Mittelpunkt – der Käse. So sollten Sie immer genug klassischen Schweizer Raclette-Käse parat haben, der schnell bräunt und gleichmäßlg schmilzt. Mischen Sie die Raclette-Runde das nächste Mal mit ländertypischen Käsesorten auf. Besonders in Italien, Frankreich und Griechenland steht guter Käse hoch in Kurs und erfreut die Geschmacksknospen. Andere Ländergruppen – besonders Südamerika und der Orient – sind weniger bekannt für ihren Käse. Durch charakteristische Zutaten und Gewürze kommt dennoch Übersee-Feeling auf den Teller. Rechnen Sie beim Raclette in etwa mit 150–200 g Käse pro Person und erweitern Sie Ihre Auswahl gerne mit folgenden Käsesorten.

LÄNDERTYPISCHE KÄSESORTEN

SÜDAMERIKA: Cheddar

USA: Cheddar

ITALIEN: Gorgonzola, Mozzarella, Fontina, Ricotta, Parmesan

FRANKREICH: Brie, Camembert, Munster, Roquefort, Langres, Comté

ORIENT: Labneh (Frischkäse)

GRIECHENLAND: Frischkäse, Feta, Halloumi

SCHWEIZ: Raclette-Käse, Appenzeller, Le Gruyère

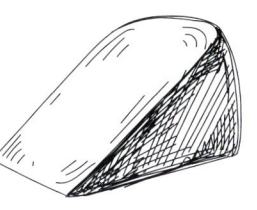

STATT KLARER STRUKTUREN

Lade ich zum Raclette ein, erkläre ich vorab die vorbereiteten Zutaten und Beilagen, die auf dem Tisch stehen. Jeder weiß, wie Kartoffeln aussehen – doch sind die Kartoffeln bereits mit Koriander und Öl gemischt (wie auf S. 86), sollten Sie Ihre Gäste aufklären. Besonders durch die von anderen Kulturen inspirierten Rezepte werden sicherlich einige Kombinationen unbekannt sein. Zudem stelle ich kurz meine empfohlenen Pfännchen-Varianten vor. Doch lassen Sie Ihren Gästen freie Hand! Das Schöne

bei Raclette-Abenden sind die Kreativität und der Genuss, der in der Luft liegt. Es macht Freude, unterschiedlichste Pfännchen zu kreieren und auszutesten.

Sie werden merken, dass sich wenige Zutaten innerhalb der Pfännchen eines Kapitels wiederholen, sodass Sie bereits mit zwei Rezepten eine schöne Auswahl haben. Außerdem lassen sich häufig auch gegrillte Bestandteile oder Beilagen in die Pfännchen integrieren. Überraschen Sie Ihren Gaumen und lassen Sie sich von der geselligen Runde inspirieren!

Auf die Kombi

KOMMT ES AN

Laden Sie Ihre Freunde zu einer kulinarischen Reise ein. Die Rezepte der unterschiedlichen Länder sind in ihrer Gesamtheit für jeweils vier Personen ausgelegt. Wählen Sie am besten zwei Pfännchen, ein Grillgericht, ein bis zwei Beilagen und einen Dip. Erwarten Sie besonders hungrige Raclette-Liebhaber oder kennen Sie bestimmte Vorlieben, können Sie Ihre Auswahl natürlich vergrößern und die Mengen erhöhen. Zusätzlich sollten Sie gerne ländertypisches Brot besorgen, da es immer eine gute Ergänzung zu den Beilagen ist.

LÄNDERTYPISCHES BROT

SÜDAMERIKA: Wrap, Fladen

USA: Toast

ITALIEN: Ciabatta

FRANKREICH: Baguette

ORIENT: Simit (Sesamkringel), Fladenbrot

GRIECHENLAND: Fladenbrot

SCHWEIZ: Sauerteigbrot

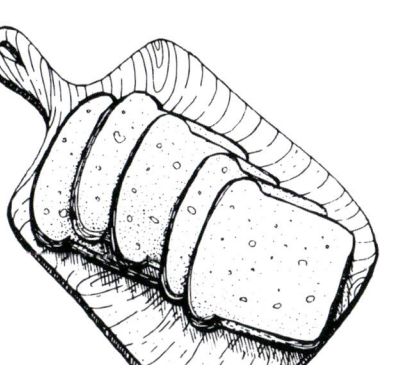

IST ANDERS

Jedes Raclette-Gerät sieht anders aus. Die meisten Exemplare sind mit acht Pfännchen ausgestattet. Wenn Sie eine kleine Gruppe einladen, können Sie jedem Gast zwei Pfännchen zur Verfügung stellen. So kann das eine gegessen und neu beladen werden, während das andere vor sich hin brutzelt.

Die Geräte unterscheiden sich nicht nur in der Optik, sondern auch in ihrer Temperatur. Bei einigen Geräten kann sie angepasst werden. Günstige Versionen können nur an- und ausgeschaltet werden. Zudem gibt es Exemplare, die zusätzlich mit Unterhitze ausgestattet sind. Diese ist besonders praktisch, wenn Sie krosse Pizza und Flammkuchen backen möchten. Generell hat jedes Gerät wärmere und kühlere Bereiche. Ist Ihr Fleisch noch nicht ganz gar, können Sie es in einem kühleren Bereich fertig garen. Auch Fisch kann dort besonders gut zubereitet werden, da dieser hitzeempfindlich ist. Verlassen Sie sich beim Überbacken der Pfännchen und dem Grillen auf Ihr Gefühl. Sie werden mit Sicherheit erkennen, wenn es fertig ist.

EIN GELUNGENER ABSCHLUSS

Servieren Sie Süßmäulern unbedingt ein Dessert. Sie werden Augen machen, wenn klar wird, dass auch dieses mithilfe des Raclettes zubereitet wird. Damit werden ihre Gäste sicherlich nicht rechnen! Bringen Sie am besten vorher alle herzhaften Zutaten in die Küche und sorgen Sie für saubere Pfännchen und frische Teller.

... zu den Rezepten

Südamerika

Nacho-Jalapeño-PFÄNNCHEN

ZUTATEN

- » 150 g Cheddar
- » 1 Avocado
- » 150 g bunte Kirschtomaten
- » Jalapeño-Scheiben (Glas, 330 g Füllgewicht)
- » 50 g Nachos
- » Salz, Pfeffer

VORBEREITUNG

Den Cheddar mit einer Küchenreibe fein reiben und in ein Schälchen füllen. Die Avocado halbieren, den Kern auslösen, schälen und in schmale Spalten zerteilen. Kirschtomaten waschen und klein schneiden. Jalapeños abtropfen lassen.

ZUBEREITUNG

Jeweils 4–5 Nachos, einige Tomatenscheiben, ein paar Avocadospalten und 1–2 Jalapeños in ein Pfännchen legen. Mit Cheddar bestreuen und unter dem heißen Raclette-Grill etwa 3 Minuten überbacken. Mit Salz und Pfeffer würzen.

Wrap-
PFÄNNCHEN

ZUTATEN

- » 3 Tortilla-Fladen
- » 1 rote Paprika
- » ½ Bund Frühlings- zwiebeln

- » 2 rote Chilischoten
- » 200 g Emmentaler
- » Salz, Pfeffer

- » ½ TL Paprikapulver, edelsüß

VORBEREITUNG

Die Tortilla-Fladen mithilfe einer Schere passend zur Pfännchengröße zuschnei- den. Paprika, Frühlingszwiebeln und Chili waschen. Paprika vierteln, das Kernge- häuse entfernen und würfeln. Frühlings- zwiebeln schräg in Streifen schneiden. Chilis in sehr dünne Streifen schneiden. Zum Schluss den Emmentaler reiben.

ZUBEREITUNG

Jeweils einen Tortilla-Fladen in die Pfännchen legen. Paprika, Frühlings- zwiebeln und Chilis darauf legen. Dick mit Käse bestreuen. Im heißen Raclette- Gerät ca. 3 Minuten überbacken. Heraus- nehmen, mit Salz, Pfeffer und Paprika- pulver bestreuen und einen weiteren Wrap auflegen. Dann erneut für 1 Minute unter den Grill schieben.

Chili con Carne-
PFÄNNCHEN

ZUTATEN

- » 1 Zwiebel
- » 1 Knoblauchzehe
- » 1 kleine Paprika
- » 2 EL Olivenöl
- » 250 g gemischtes Hackfleisch
- » 1 EL Tomatenmark

- » Salz, Pfeffer
- » 1 TL Paprikapulver, rosenscharf
- » ½ TL Chilipulver
- » ¼ TL Zimtpulver
- » 50 ml Rotwein
- » 140 g Mais (Dose,

Füllgewicht 150 g)
- » 125g Kidneybohnen (Dose, Füllgewicht 200 g)
- » 200 g gehackte Tomaten (Dose)
- » 150 g Raclette-Käse

VORBEREITUNG

Zwiebel und Knoblauch schälen und getrennt fein würfeln. Paprika waschen und halbieren, Kerngehäuse entfernen und ebenso würfeln. In einer beschichteten Pfanne Olivenöl erhitzen. Darin die Zwiebeln und den Knoblauch glasig andünsten. Hackfleisch hinzugeben und bei großer Hitze krümelig braun braten. Paprikawürfel in den Topf geben und kurz anbraten. Tomatenmark dazugeben und mit der Masse vermengen. Salz, Pfeffer, Paprikapulver, Chili und Zimt einmischen und kräftig anbraten. Mit Rotwein ablöschen und kurz aufkochen lassen. Mais und Kidneybohnen abgießen. Zusammen mit den Dosentomaten hinzugeben und bei mittlerer Hitze 30 Minuten garen. Dabei gelegentlich umrühren. Erneut mit Salz, Pfeffer und Chili abschmecken.

ZUBEREITUNG

Pfännchen zu ⅔ mit Chili con Carne befüllen. Darauf eine Scheibe Raclette-Käse legen und unter dem heißen Grill 3 Minuten überbacken.

Argentinisches Rindfleisch

ZUTATEN

- » 1 rote Chilischote
- » 1 Knoblauchzehe
- » 1 EL Koriandergrün
- » 1 EL Olivenöl
- » 1 TL Honig
- » Salz
- » Cayennepfeffer
- » 400 g argentinisches Rindfleisch

VORBEREITUNG

Chilischote waschen, halbieren, Kerne entfernen und fein hacken. Knoblauch schälen und fein würfeln. Koriander waschen und fein hacken. Alles mit Öl und Honig vermischen. Dann mit Salz und Cayennepfeffer würzen. Das Rindfleisch waschen, trocken tupfen und in etwa 3 cm große Stücke schneiden. In die Marinade legen und mindestens 30 Minuten marinieren.

ZUBEREITUNG

Mariniertes Fleisch etwa 3 Minuten auf der heißen Platte grillen, dabei ein- bis zweimal wenden.

Chimichurri

ZUTATEN

- » 60 g Petersilie
- » 2 Knoblauchzehen
- » 1 Schalotte
- » 1 rote Chilischote
- » 100 ml Olivenöl
- » 2 EL Rotweinessig
- » 1 TL Zitronensaft
- » ¾ TL getrockneter Oregano
- » Salz, Pfeffer

Petersilie waschen und trocken tupfen. Dann sehr fein hacken. Den Knoblauch und die Schalotte schälen und ebenso fein hacken. Chilischote aufschneiden, Kerne entfernen und hacken.

Mit Olivenöl, Essig, Zitronensaft und Oregano mischen. Zum Schluss mit Salz und Pfeffer abschmecken. Vor dem Servieren mindestens 10 Minuten, besser 1 Stunde, ruhen lassen.

Empanadas

ZUTATEN

FÜR DEN TEIG
- » 175 g Mehl
- » 175 g Maismehl
- » 170 g weiche Butter
- » 1 Ei (Größe M)
- » ½ TL Paprikapulver
- » Salz

FÜR DIE FÜLLUNG
- » 1 Zwiebel
- » 1 Knoblauchzehe
- » 2 EL Olivenöl
- » 250 g Hackfleisch
- » Salz, Pfeffer
- » ½ TL Paprikapulver, edelsüß
- » ½ TL Kreuzkümmel, gemahlen
- » ¼ TL getrockneter Oregano
- » 1 Ei (Größe M)

Mehl, Maismehl, Butter, Ei, Paprikapulver, 1 TL Salz und 60 ml kaltes Wasser verkneten, bis ein geschmeidiger Teig entsteht. Diesen zur Kugel formen, in Folie wickeln und 30 Min. im Kühlschrank ruhen lassen.

In der Zwischenzeit die Füllung zubereiten. Zwiebel und Knoblauch schälen und fein würfeln. Olivenöl in einer Pfanne erhitzen. Darin Zwiebeln und Knoblauch glasig anbraten. Das Hackfleisch dazugeben und krümelig braten. Anschließend die Gewürze hinzufügen.

Den gekühlten Teig auf der bemehlten Arbeitsfläche ausrollen. Mit einem Tellerchen Kreise mit einem Durchmesser von 12 cm ausstechen.

Den Ofen auf 160 °C Umluft vorheizen. In die Mitte jedes Kreises 1 gehäuften EL Hackfleischfüllung geben, dabei einen Rand frei lassen. Den Rand mit etwas Wasser einstreichen. Dann die Hälften des Kreises zu einem Halbmond falten und den Rand fest zusammendrücken. Mit einer Gabel ringsum eindrücken und auf ein mit Backpapier belegtes Blech legen. Das Ei verquirlen und die Oberfläche der Empanadas damit bestreichen.

Die Teigtaschen 18–20 Minuten auf mittlerer Schiene goldbraun backen. Warm oder kalt servieren.

Süßkartoffelsalat
MIT MAIS

ZUTATEN

- » 300 g Süßkartoffeln
- » 3 EL Olivenöl
- » ½ TL Paprikapulver, rosenscharf
- » Salz
- » 1 rote Zwiebel

- » 1 Knoblauchzehe
- » 1 Limette
- » 225 g schwarze Bohnen (Dose, Füllgewicht 400 g)

- » 140 g Mais (Dose, Füllgewicht 150 g)
- » 2 EL Rotweinessig
- » Pfeffer
- » ½ TL Chilipulver
- » Etwas Petersilie

Süßkartoffeln schälen, in ca. 1 cm große Würfel schneiden und mit 2 EL Öl, Paprikapulver und ½ TL Salz vermengen. Den Ofen auf 160 °C Umluft vorheizen und 15 Minuten backen. Anschließend abkühlen lassen.

Zwiebel und Knoblauch schälen und fein würfeln. Limette heiß abwaschen, trocken reiben und die Schale in Zesten abziehen.

Dann halbieren und auspressen. Schwarze Bohnen und Mais abtropfen lassen. Zwiebelwürfel, Knoblauch, Süßkartoffeln, Bohnen, Mais, Limettenzesten, restliches Öl und Essig mischen. Mit Limettensaft, Salz, Pfeffer und Chilipulver abschmecken. Petersilie waschen, trocken schütteln und hacken. Vor dem Servieren den Salat damit bestreuen.

Patacones

ZUTATEN

» 2 Kochbananen   » Öl zum Frittieren   » Salz

Zuerst die Kochbananen schälen. Dies funktioniert am besten, wenn man die Enden abschneidet und die Banane längs von zwei Seiten einritzt. Anschließend die Kochbanane in etwa 2–3 cm große Stücke schneiden. Das Öl in einem Topf erhitzen. Die Bananenstücke portionsweise 3–4 Minuten frittieren und auf Küchenpapier abtropfen lassen. Je ein Stück zwischen zwei Lagen Backpapier legen und mit einem kleinen Topf platt drücken und erneut kurz frittieren. Zum Schluss beidseitig salzen.

Guacamole

ZUTATEN

» 2 Tomaten
» 1 Avocado
» 1 Knoblauchzehe
» 2 Stängel Koriandergrün
» 2 EL Olivenöl
» 3 EL Limettensaft
» Salz, Pfeffer
» Chiliflocken

Tomaten waschen, trocken tupfen und halbieren. Die Kerne und das weiche Fruchtfleisch auslöffeln und den festen Teil der Tomate grob würfeln. Avocado halbieren und den Kern entfernen. Aus der Schale lösen und klein schneiden. Mit dem geschältem Knoblauch und dem gewaschenem Koriander pürieren. Olivenöl, Limettensaft und Tomaten untermischen. Mit Salz, Pfeffer und Chili würzen. Nach Belieben noch mit etwas Koriander garnieren.

Dulce de leche-
BROWNIES

ZUTATEN

FÜR DIE DULCE DE LECHE
» 400 g gezuckerte Kondensmilch (Dose)

FÜR DIE BROWNIES
» 50 g Schokolade
» 60 g Butter
» 50 g Mehl
» 1 EL Kakaopulver
» 50 g Zucker
» 1 Ei (Größe M)
» 30 ml Milch

VORBEREITUNG

Für die Dulce de leche die gezuckerte Kondensmilch in drei Einmachgläser à 150 g verteilen. Dabei sollten mindestens 2 cm Platz zum Deckel bleiben. Gläser gut verschließen. Ein Geschirrtuch in einen tiefen Topf legen, damit die Gläser nicht verrutschen. Dann die drei Gläser darauf positionieren. Den Topf bis zur Höhe der Hälfte der Gläser mit Wasser füllen. Den Topf mit einem Deckel verschließen und das Wasser zwei Stunden lang köcheln lassen. Jede halbe Stunde kontrollieren, ob noch genug Wasser im Topf ist und gegebenenfalls nachfüllen. Nach der Kochzeit die Gläser vorsichtig aus dem heißen Wasser heben und vollständig abkühlen lassen.

Für die Brownies die Schokolade hacken und zusammen mit der Butter über dem heißen Wasserbad schmelzen lassen. Anschließend vom Herd nehmen und handwarm abkühlen lassen. Mehl, Kakao und Zucker vermischen. Anschließend das Ei und die Schoko-Butter-Masse unterrühren. Dann die Milch untermischen.

ZUBEREITUNG

Je 1 EL Teig in die gesäuberten Pfännchen füllen. Mit einem Löffel verstreichen und 7 Minuten backen. Zusammen mit der Dulce de Leche servieren.

Tipp

Sie können den Teig für die Brownies auch vor-
bereiten und bis zum Servieren im Kühlschrank
lagern. Da der Teig nun fester ist, diesen erst verstreichen, wenn das Pfännchen etwa eine Minute
unter dem heißen Raclette-Grill war. Die Back-
zeit kann sich dadurch ein wenig verlängern.

USA

Cheeseburger-
PFÄNNCHEN

ZUTATEN

FÜR DIE BRÖTCHEN
- » 40 ml Milch
- » 10 g frische Hefe
- » 1 EL Zucker
- » 250 g Mehl
- » 2 Eier (Größe M)

- » 1 TL Salz
- » 30 g weiche Butter
- » Sesam

FÜR DEN BELAG
- » 4 Patties (S. 40)
- » 2 Tomaten

- » 50 g Salat
- » 4 kleine Gewürz-
  gurken (Glas)
- » 50 g Cheddar,
  in Scheiben
- » Ketchup

VORBEREITUNG

40 ml Milch mit 70 ml Wasser lauwarm erwärmen. Hefe einbröseln, Zucker und 1 EL Mehl einrühren. Vorteig 10 Minuten gehen lassen.

Vorteig mit restlichem Mehl, 1 Ei, Salz und Butter 7–10 Min. zu einem geschmeidigen Teig verkneten. Abgedeckt 90 Minuten an einem warmen, luftzuggeschützen Ort gehen lassen. Den Teig erneut kräftig durchkneten. Teig zehnteln, dann Buns ausformen und auf ein mit Backpapier belegtes Blech legen. Abdecken und weitere 30 Minuten gehen lassen.

Ofen auf 200 °C Ober-/Unterhitze vorheizen. Übriges Ei verquirlen, Buns damit bestreichen und mit Sesam bestreuen.

Ca. 15 Minuten backen, dann auf einem Kuchengitter auskühlen lassen. Tomaten und Salat waschen. Salat in mundgroße Stücke zupfen, Tomaten und die Gewürzgurken in dünne Scheiben schneiden. Den Cheddar in kleine Quadrate zerkleinern.

ZUBEREITUNG

Patties auf der Grillplatte von beiden Seiten braten. Dann in ein Raclette-Pfännchen legen und eine Käsescheibe darauf platzieren. 1 Minute unter dem heißen Raclette-Grill schmelzen lassen. In der Zwischenzeit Buns halbieren, mit Salat, Tomate und Gewürzgurke belegen. Käse-Pattie auflegen, mit Ketchup toppen und mit der anderen Brötchenhälfte verschließen.

Bacon
MIT SPIEGELEI

ZUTATEN

» 150 g Bacon,
   in Scheiben

» 4 Eier (Größe M)
» 2 EL Schnittlauch

» Salz, Pfeffer

VORBEREITUNG

Den Bacon halbieren. Die Eier leicht verquirlen und in ein Kännchen geben. Schnittlauch waschen, trocknen und in Röllchen schneiden.

ZUBEREITUNG

Erst etwas Ei ins Pfännchen geben, dann 2 Scheiben Bacon obenauf legen. In das heiße Raclette-Gerät schieben und 3 Minuten stocken lassen. Herausnehmen und vor dem Verzehr mit Schnittlauch bestreuen sowie mit Salz und Pfeffer würzen.

Mac and Cheese-
PFÄNNCHEN

- » 2 EL grobes Meersalz
- » 200 g Maccaroni
- » 1 TL Sonnenblumenöl
- » 1 Knoblauchzehe
- » 50 g Sahne
- » 60 ml Milch
- » 150 g Cheddar-
  Schmelzkäse
  (7 Scheiben)
- » ¼ TL scharfer Senf
- » Salz
- » 1 Msp. Cayenne-
  pfeffer
- » 50 g Cheddar
  (am Stück)

VORBEREITUNG

Wasser aufkochen und Salz hinzugeben. Die Maccaroni nach Packungsanweisung garen. Anschließend abgießen und mit Sonnenblumenöl mischen.

Den Knoblauch schälen und durch die Knoblauchpresse drücken. Sahne und Milch aufkochen, dann den Herd auf die geringste Stufe stellen. Den Schmelzkäse in Stückchen zerzupfen, dazugeben und in der warmen Mischung schmelzen. Dann Knoblauch, Senf, 1 Prise Salz und Cayennepfeffer einrühren und abkühlen lassen. Das Stück Cheddar klein reiben.

ZUBEREITUNG

Erst Nudeln mit Sauce in die Pfännchen geben, dann den geriebenen Cheddar darauf verteilen. 3 Minuten im heißen Raclette-Gerät erhitzen.

French Toast
MIT PETERSILIE

ZUTATEN

- » 1 Ei (Größe M)
- » 1 EL Milch
- » Salz, Pfeffer
- » 2 TL frische Petersilie
- » 2 Vollkorn-Toast-scheiben
- » optional Cheddar (in Scheiben)

VORBEREITUNG

Eier verquirlen, Milch untermischen und mit Salz und Peffer würzen. Petersilie waschen, trocknen und hacken, dann unterrühren. Toastscheiben vierteln.

ZUBEREITUNG

Toastscheiben in der Eiermischung wenden. Dann auf dem Raclette-Grill von beiden Seiten braten. Wer möchte, überbackt den Toast hinterher im Pfännchen mit 1 kleinen Scheibe Cheddar.

Sour Cream

ZUTATEN

- » 1 Knoblauchzehe
- » ½ Bund Schnittlauch
- » 150 g Crème fraîche
- » 250 g Magerquark
- » 2 TL Zitronensaft
- » Salz, Pfeffer
- » Zucker

Den Knoblauch schälen und fein hacken. Schnittlauch waschen, trocknen und in Röllchen schneiden. 1 EL in ein verschließbares Döschen füllen und in den Kühlschrank stellen.

Crème fraîche mit Magerquark cremig verrühren. Knoblauch, Schnittlauch und Zitronensaft untermischen. Mit Salz, Pfeffer und 1 Prise Zucker abschmecken. 10 Minuten im Kühlschrank ziehen lassen. Vor dem Servieren mit den restlichen Schnittlauchröllchen bestreuen.

Patties

ZUTATEN

- » 1 kleine Zwiebel
- » 1 Knoblauchzehe
- » 240 g Rinderhack
- » Salz, Pfeffer

VORBEREITUNG

Zwiebel und Knoblauch schälen und beides sehr fein hacken. Das Hackfleisch mit den Zwiebelstückchen und dem Knoblauch vermengen. Mit Salz und Pfeffer würzen. Zu 8 Mini-Patties formen und auf einem Teller bereitlegen.

ZUBEREITUNG

Die Patties auf der heißen Grillplatte des Raclettes für 4 Minuten von jeder Seite braten. Entweder direkt essen oder für das Cheeseburger-Rezept (siehe S. 32) weiterverwenden.

Pommes

- » 400 g mehligkochende Bio-Kartoffeln
- » 1 TL Maisstärke
- » Öl zum Frittieren
- » 3 TL Salz
- » 2 TL Paprikapulver

Kartoffeln gründlich waschen und in 0,5–1 cm dicke Stifte schneiden. Mit kaltem Wasser abspülen und mit einem sauberen Geschirrtuch trocknen. Mit der Maisstärke vermischen.

Öl in einem tiefen Topf oder einer Fritteuse auf 140 °C erhitzen. Die Temperatur am besten mit einem Küchenthermometer kontrollieren. Die Pommes portionsweise 5 Minuten frittieren. Sie werden im ersten Schritt gegart und erhalten noch keine Farbe. Aus dem Fett heben, auf Küchenpapier abtropfen lassen.

Öl auf 180 °C erhitzen und die Pommes ein weiteres Mal frittieren, bis sie eine goldgelbe Farbe erhalten. Herausheben, abtropfen lassen, mit Salz und Paprikapulver mischen.

BBQ-Sauce

- » 1 rote Zwiebel
- » 2 Knoblauchzehen
- » 1 EL Öl
- » 2 EL Tomatenmark
- » 300 ml Whiskey
- » 400 g passierte Tomaten
- » 50 ml Apfelessig
- » 80 ml Ahornsirup
- » 1 TL Paprikapulver
- » ¼ TL Chilipulver
- » ½ TL Pfeffer
- » ½ TL Rauchsalz

Zwiebel und Knoblauch schälen und sehr fein hacken. Das Öl erhitzen, Zwiebeln sowie Knoblauch darin glasig dünsten. Tomatenmark unterrühren und kurz anbraten, anschließend mit Whiskey ablöschen. Passierte Tomaten, Apfelessig und Ahornsirup hinzugeben und 10 Minuten köcheln lassen. Gewürze hinzugeben und 5 Minuten mit geschlossenem Deckel zu einer sämigen Sauce einkochen. Vom Herd nehmen und in ein sauberes Einmachglas füllen, dann fest verschließen und auf den Kopf stellen. Nach 5 Minuten erneut umdrehen.

Coleslaw

ZUTATEN

- » 600 Weißkohl
- » 200 g Rotkohl
- » 150 g Möhren
- » 2 EL Zucker
- » ¾ TL Salz
- » 100 g Mayonnaise
- » 50 g Joghurt
- » 2 EL Weißweinessig
- » 2 EL Zitronensaft
- » 1 EL scharfer Senf
- » Pfeffer

Weiß- und Rotkohl abwaschen, trocknen und den Strunk rausschneiden. Dann in sehr dünne Streifen schneiden. Möhren schälen und in grobe, lange Stifte hobeln. Gemüse mit Zucker und Salz mischen und kräftig durchkneten, bis der Kohl weicher wird.

Mayonnaise, Joghurt, Essig, Zitronensaft, Senf und Pfeffer mischen und unter den Kohl-Möhren-Mix heben. Zum Schluss nach Belieben nochmals mit Salz und Pfeffer abschmecken.

S'mores

ZUTATEN

» 50 g Zartbitter-
schokolade

» 8 Marshmallows

» 8 Butterkekse

VORBEREITUNG

Die Schokolade fein hacken. Anschließend die Marshmallows dritteln.

ZUBEREITUNG

Je 1 Butterkeks in das Pfännchen
legen und mit 1 TL Schokolade toppen,
dann jeweils 3 Marshmallow-Scheiben
darauflegen. Die S'mores für 3 Minuten
unter den Raclette-Grill schieben. Dann
einen weiteren Butterkeks auflegen,
leicht andrücken und die fertigen S'mores
aus dem Pfännchen stülpen.

Italien

Pizza-
PFÄNNCHEN

ZUTATEN

FÜR DEN PIZZATEIG
» 200 g Weizenmehl
» 10 g frische Hefe
  (ca. ¼ Würfel)
» ¼ TL Salz
» 1 TL flüssiger Honig

» 1 EL Olivenöl

FÜR DEN BELAG
» 150 g Mozzarella
» 80 g Thunfisch in
  Olivenöl (Dose)
» 1 kleine rote Zwiebel

» 200 ml passierte
  Tomaten
» 1 TL getrockneter
  Oregano
» Salz, Pfeffer

VORBEREITUNG

Mehl in eine Schüssel sieben und eine kleine Mulde in die Mitte drücken. Hefe hineinbröckeln. Salz, Honig und 3 EL Wasser dazugeben und leicht verrühren. 15 Minuten gehen lassen.

Weitere 70 ml Wasser und das Olivenöl dazugeben und zu einem geschmeidigen Teig verarbeiten. Die Arbeitsfläche mit Mehl bestäuben und den Teig für mindestens 5 Minuten kräftig durchkneten. In eine Schüssel geben, mit einem Geschirrtuch bedeckt 1 Stunde an einem warmen Ort gehen lassen.

Pizzateig auf einer bemehlten Arbeitsfläche ausrollen und in Rechtecke auf die Größe der Pfännchen zuschneiden oder ausstechen. Dann nebeneinander auf ein Schneidebrett legen und mit einem sauberen Geschirrtuch bedecken.

Mozzarella abtropfen lassen und grob reiben. Das Öl aus der Thunfischdose abgießen und den Tunfisch in einem Schälchen auflockern. Zwiebel schälen, halbieren und in dünne Halbmonde schneiden. Passierte Tomaten mit Oregano, Salz und Pfeffer würzen.

ZUBEREITUNG

Je ein Teigplättchen in das Pfännchen legen. Mit Tomatensauce bestreichen, mit Tunfisch, Zwiebeln und Mozzarella bestreuen und mit Salz, Pfeffer und Oregano würzen. Unter dem Raclette-Grill bei Ober-/Unterhitze 5 Minuten garen.

Tipp

Die Pizzen lassen sich nach persönlichen Vorlieben, z. B. mit scharfer Salami, belegen.

Gnocchi-
CAPRESE

ZUTATEN

- » 400 g Gnocchi (Fertigprodukt)
- » 1 EL Olivenöl
- » 250 g Kirschtomaten
- » 3 EL Aceto Balsamico
- » Salz, Pfeffer
- » 150 g Mini-Mozzarella

VORBEREITUNG

Gnocchi nach Packungsanleitung etwa 2 Minuten mit 1 EL Öl in einer Pfanne anbraten. Kirschtomaten waschen, trocknen und vierteln, mit dem Essig mischen und mit Salz und Pfeffer abschmecken. Mini-Mozzarellas halbieren.

ZUBEREITUNG

Je 4–5 Gnocchi und ein paar Tomatenstücke in ein Pfännchen geben. Mit ein paar Mozzarella-Hälften toppen und ca. 5 Minuten unter dem heißen Raclette-Grill erwärmen.

Radicchio-Pfännchen
MIT WALNÜSSEN

ZUTATEN

- » 2 EL Walnusskerne
- » 125 g Gorgonzola
- » 150 g Radicchio
- » 50 g junger Rucola
- » 75 g roher, hauch-
  dünner Schinken
- » Salz, Pfeffer

VORBEREITUNG

Walnüsse grob hacken und in einer Pfanne ohne Öl rösten, bis sie fein duften. Gorgonzola würfeln. Radicchio waschen, trocknen und in dünne Streifen schneiden. Rucola ebenso waschen und um den festen Stiel kürzen. Den Schinken in Stücke zupfen.

ZUBEREITUNG

Radicchio und Rucola mit Walnüssen und Schinken in einem Pfännchen anrichten und mit etwas Gorgonzola belegen. Unter dem heißen Raclette-Grill etwa 4 Minuten garen, dann leicht mit Salz und Pfeffer würzen.

Saltimbocca

ZUTATEN

- » 2 dünne Kalbs-
  schnitzel
- » Pfeffer
- » 5 Scheiben Parma-
  schinken
- » 10 Salbeiblätter
- » Salz

VORBEREITUNG

Schnitzel abwaschen und trocken tupfen. Dann quer in 5 Stücke schneiden und mit einem Fleischhammer oder einem Stieltopf dünn klopfen. Leicht pfeffern. Schinkenscheiben je nach Größe halbieren oder dritteln. Die Salbeiblätter waschen und trocken tupfen. Jeweils 1 Scheibe Parmaschinken und 1 Salbeiblatt mit einem Zahnstocher auf einem Mini-Schnitzel befestigen.

ZUBEREITUNG

Saltimbocca auf dem heißen Raclette-Grill von beiden Seiten je 3 Minuten braten. Vor dem Essen leicht salzen.

Thunfischdip

ZUTATEN

- » 80 g Thunfisch in Olivenöl (Dose)
- » 3 Kapern (Glas)
- » 2 EL Mascarpone
- » 1 EL Mayonnaise
- » Salz, Pfeffer
- » 1 Spritzer Zitronensaft

Für die Creme den Thunfisch abtropfen lassen, in einen Standmixer geben. Falls die Kapern in Salz eingelegt sind, abwaschen und dann ebenso hinzugeben.

Zu einer feinen Creme mixen. Mascarpone und Mayonnaise untermischen, mit Salz, Pfeffer und Zitronensaft abschmecken.

Antipasti

ZUTATEN

- » 3 Knoblauchzehen
- » 60 ml Olivenöl
- » 3 EL Aceto Balsamico
- » 2 TL getrockneter Oregano
- » 2 TL getrockneter Rosmarin
- » Salz, Pfeffer
- » 1 Zucchini
- » 1 Paprika

VORBEREITUNG

Knoblauch schälen und grob hacken. Olivenöl mit Essig, Knoblauch, Oregano und Rosmarin in den Mixer geben. Salzen und pfeffern. Zucchini und Paprika waschen und in dünne Streifen schneiden. Mit dem Dressing mischen und 30 Minuten ziehen lassen.

ZUBEREITUNG

Zucchini- und Paprikastreifen auf dem heißen Raclette-Grill von beiden Seiten je 2 Minuten braten.

Tipp

Wer den Raclette-Grill nicht nutzen möchte, kann die Antipasti auch vorher in einer Pfanne braten und kalt servieren. Sie sind auch eine leckere, mediterrane Ergänzung für die Pfännchen.

Bruschetta

ZUTATEN

- » 300 g Tomaten
- » 2 Knoblauchzehen
- » 4 Stängel Basilikum
- » 3 EL passierte Tomaten
- » 3 EL Olivenöl
- » Salz, Pfeffer
- » 1 Ciabatta-Brot

Tomaten waschen, halbieren, den Strunk entfernen und in kleine Würfel schneiden. Den Knoblauch schälen und hacken. Das Basilikum, bis auf einige Blätter für die Deko, ebenfalls waschen, trocknen und grob hacken. Tomaten, Knoblauch, Basilikum, passierte Tomaten und Öl in einer Schüssel mischen. Mit Salz und Pfeffer abschmecken.

Ciabatta-Brot in 2 cm dicke Scheiben schneiden. Wer möchte, erwärmt diese erst auf der Grillplatte des Raclettes. Die Scheiben dann mit der Tomaten-Knoblauch-Mischung belegen und mit Basilikumblättchen garnieren.

Pesto

ZUTATEN

- » 2 EL Pinienkerne
- » 1 Knoblauchzehe
- » 30 g Basilikum
- » 100 ml gutes Olivenöl
- » 50 g Parmesan
- » ½ TL grobes Salz
- » Pfeffer

Die Pinienkerne in einer Pfanne ohne Öl rösten, bis sie fein duften und eine leichte Farbe gewonnen haben. In ein Schälchen füllen und abkühlen lassen.

Knoblauch schälen und grob hacken. Den Basilikum waschen, trocknen und klein zupfen, dann beides zusammen mit den Pinienkernen in einen Mixer geben. Pürieren und dabei langsam das Öl einfließen lassen. Den Parmesan reiben und untermischen. Mit Salz und Peffer abschmecken. Vor dem Servieren etwa 30 Minuten durchziehen lassen.

Carpaccio

ZUTATEN

- » 200 g sehr frisches Rinderfilet
- » 1 Bio-Zitrone
- » 3 EL gutes Olivenöl
- » 2 EL Weißweinessig
- » Salz, Pfeffer

Rinderfilet an der Fleischtheke möglichst dünn für das Carpaccio aufschneiden lassen. Die einzelnen Scheiben zwischen zwei Lagen Frischhaltefolie legen und mit einem Fleischhammer oder der Unterseite eines Topfes platt klopfen. Die Scheiben nun auf einem großen Servierteller verteilen und mit Frischhaltefolie abdecken. Anschließend kühl stellen.

Für die Vinaigrette Zitrone heiß waschen, trocknen und die Schale abreiben. Halbieren und den Saft aus einer Hälfte auspressen. Mit Olivenöl und Essig mischen. Mit Salz und Pfeffer würzen.

Vinaigrette vor dem Servieren auf dem Carpaccio verteilen.

Tipp

Soll das Pesto länger aufbewahrt werden, einfach in ein Gläschen füllen und mit ausreichend Oliven-öl bedecken.

Tipp

Das Rinderfilet können Sie beim Metzger auch vorbestellen. Ist das Fleisch richtig gekühlt, kann er dünnere Scheiben schneiden.

Heiße Himbeeren
MIT POLENTA

ZUTATEN

» Salz
» 125 g Maisgries (für Polenta)
» 1 EL Zucker
» 2 EL Butter
» 150 g TK-Himbeeren
» 1 EL Vanillezucker

VORBEREITUNG

500 ml Wasser mit Salz in einem ausreichend großen Topf aufkochen. Maisgries hinzufügen und kräftig einrühren, damit sich keine Klümpchen bilden. Alles aufkochen, dann mit geschlossenem Deckel und bei geringer Hitze nach Packungsangabe 5–15 Minuten köcheln lassen. Zum Ende hin den Zucker einrühren.

Die Polenta auf ein Schneidebrett gießen und glatt verstreichen. Abkühlen lassen und anschließend in Rauten schneiden. Die Butter portionsweise in einer Pfanne erhitzen und die Polentaschnitten von beiden Seiten anbraten. Die Himbeeren auftauen lassen und mit Vanillezucker vermischen.

ZUBEREITUNG

Die Polentaschnitten in die Pfännchen verteilen und mit den Himbeeren toppen. Etwa 5 Minuten unter dem heißen Grill erwärmen.

Frankreich

Flammkuchen-
PFÄNNCHEN

ZUTATEN

- » Fertiger Flamm-
  kuchenteig (aus dem
  Kühlregal)
- » 200 g saure Sahne
- » 1 EL Sonnenblumenöl
- » 1 EL Mehl
- » Salz, Pfeffer
- » 1 Zwiebel
- » 80 g magere Speck-
  stifte

VORBEREITUNG

Flammkuchenteig auf die Größe der
Raclette-Pfännchen zuschneiden. Saure
Sahne mit Öl und Mehl glatt rühren.
Dann mit Salz und Pfeffer würzen.

Die Zwiebel in Halbmonde schneiden.
Speckstifte in ein Schälchen umfüllen.

ZUBEREITUNG

Kleine Flammkuchen mit dem Sahne-
Mix bestreichen und in ein Raclette-
Pfännchen legen. Mit Zwiebeln und
Speck belegen. Unter dem heißen
Raclette-Grill 6 Minuten backen.

Tipp

Wenn das Gerät eine Unterhitze-Funktion hat, wird das Ergebnis besonders knusprig, wenn dieses zugeschaltet wird. Die Flamm-kuchen dann nur 4 Minuten backen.

Ziegenkäse-
PFÄNNCHEN

ZUTATEN

- » 8 Scheiben Baguette
- » 100 g Ziegenkäserolle
- » 2 Zweige Thymian
- » 2 Feigen
- » 8 TL flüssiger Honig

VORBEREITUNG

Baguette in 0,5–1 cm dicke Scheiben schneiden (unbedingt die Raclettehöhe beachten). Die Ziegenkäserolle ebenso in 8 gleichmäßig dicke Scheiben schneiden. Thymianblätter waschen, abzupfen und in ein Schälchen füllen. Feigen waschen und vierteln.

ZUBEREITUNG

Jeweils 1 Scheibe der Ziegenkäserolle auf ein Baguette-Stück legen und dieses in ein Raclette-Pfännchen. Dann etwas Honig darüber geben und mit Thymian-blättern garnieren. Etwa 5 Minuten unter dem heißen Raclette überbacken. Zum Schluss mit Feigenstücken garnieren.

Ratatouille-
PFÄNNCHEN

ZUTATEN

- » 2 Zucchini
- » 1 Aubergine
- » Salz, Pfeffer

- » Olivenöl
- » 2 Tomaten

- » 100 g passierte Tomaten
- » 200 g Raclette-Käse

VORBEREITUNG

Zucchini und Aubergine waschen und in 2–3 mm dünne Scheiben schneiden. Die Aubergine mit 1 TL Salz mischen und 15 Minuten ziehen lassen. Dann mit kaltem Wasser abwaschen.

Zucchini und Auberginenscheiben portionsweise mit etwas Olivenöl von beiden Seiten in einer Pfanne braten. Dann beiseitestellen und abkühlen lassen.

Tomaten waschen, Strunk entfernen und ebenso in dünne Scheiben schneiden. Passierte Tomaten mit Salz und Pfeffer würzen.

ZUBEREITUNG

Zucchini-, Auberginen- und Tomatenscheiben in die Raclette-Pfännchen verteilen. Mit 1 EL Tomatensauce toppen und mit Raclette-Käse belegen. 3 Minuten unter dem heißen Raclette-Grill garen.

Gebackener CAMEMBERT

ZUTATEN

- » 1 Ei (Größe M)
- » 25 g Mehl
- » 1 TL gehackter Rosmarin
- » 1 frischer Camembert (250 g)
- » 3 EL Preiselbeeren (Glas)

Das Ei verquirlen und in einen tiefen Teller füllen. Mehl ebenso in einen weiteren tiefen Teller geben. Rosmarin unter das Mehl heben. Camembert in 8–12 Stücke schneiden und die Stücke anschließend erst im Ei, dann im Mehl wenden.

Die Camembert-Stückchen von beiden Seiten ca. 3 Minuten auf dem heißen Raclette-Grill braten. Dies geht besonders gut, wenn vorher etwas Fettiges auf dem Grill war. Preiselbeeren zum Camembert reichen.

Tipp

Es funktioniert am besten, wenn der Camembert noch nicht so reif ist. Dafür sollte die Zeit bis zum Mindesthaltbarkeitsdatum möglichst lang sein.

Ente mit Orangenmarinade

ZUTATEN

- » 3 Knoblauchzehen
- » 3 EL Honig
- » 3 EL Orangensaft
- » 1 TL Zitronensaft
- » 1 EL Rohrohrzucker
- » Salz, Pfeffer
- » 400 g Entenbrust

VORBEREITUNG

Knoblauch schälen und sehr fein hacken. Honig, Orangen- und Zitronensaft, Zucker, Salz, Pfeffer und Knoblauch miteinander vermischen. Die Entenbrust in 2 cm dicke Scheiben schneiden und anschließend die Haut rautenförmig einritzen. Die Entenbrüste mit der Marinade einreiben und 6–8 Stunden, am besten über Nacht, marinieren.

ZUBEREITUNG

Die Entenbrust-Streifen auf Grillspieße stecken und auf dem heißen Raclette-Grill von allen Seiten etwa 4–5 Minuten braten und anrichten.

Tapenade

ZUTATEN

- » 200 g schwarze Oliven (ohne Stein)
- » 1 EL Kapern (Glas)
- » Saft einer ½ Zitrone
- » 6 Sardellen
- » 60 ml Olivenöl

Oliven grob zerschneiden und in einen Mixer füllen. Kapern abspülen und dazugeben. Zitrone auspressen und den Saft sowie die Sardellen hinzugeben. Zuletzt das Öl einfließen lassen. Dann mixen, bis eine homogene Creme entsteht. Die Tapenade schmeckt besonders gut auf frischem Baguette.

Mini Spinat-
QUICHES

ZUTATEN

FÜR DEN MÜRBETEIG
» 80 g kalte Butter
» 100 g Mehl
» ¼ TL Salz

FÜR DIE FÜLLUNG
» 100 g TK-Spinat
» 1 kleine Schalotte
» 150 g Crème fraîche

» 1 Ei (Größe M)
» Salz, Pfeffer
» 1 Msp. gemahlene
  Muskatnuss

Den Spinat am besten über Nacht auftauen lassen. Alternativ bei geringer Hitze in einem kleinen Topf auf Zimmertemperatur erhitzen.

Für den Mürbeteig die Butter mit dem Handrührgerät cremig schlagen. Mehl und Salz hinzufügen. Dann 40 ml kaltes Wasser in kleinen Schlückchen dazugeben, bis ein geschmeidiger Teig entsteht. Den Teig zu einer Kugel formen und 30 Minuten kühlen.

In der Zwischenzeit die Schalotte fein würfeln und mit Crème fraîche und dem Ei verquirlen. Den Spinat untermischen. Mit Salz, Pfeffer und Muskatnuss würzen.

Ofen auf 160 °C Umluft vorheizen. Den Mürbeteig in 6 Portionen teilen und auf einer bemehlten Arbeitsfläche ausrollen. In kleine Quiche-Förmchen (Ø 9 cm) legen. Die Spinatmischung einfüllen und glatt streichen. Quiches 20 Minuten backen. Lauwarm oder kalt servieren.

Nizza-Salat

ZUTATEN

- » 100 g grüne Bohnen
- » 2 Eier (Größe M)
- » 1 kleine rote Paprika
- » 1 Landgurke
- » 50 g Kirschtomaten
- » ¼ Kopfsalat
- » 80 g Thunfisch in Öl (Dose)
- » 3 Sardellen (Glas)
- » 4 EL Olivenöl
- » 1 TL scharfer Senf
- » 2 EL Weißweinessig
- » Salz, Peffer
- » 75 g schwarze Oliven (ohne Stein)

Bohnen waschen die Enden abschneiden. Wasser mit Salz aufkochen und die Bohnen 3–4 Minuten blanchieren. Mit einem Schaumlöffel herausheben und abschrecken. Dann die Eier in das Wasser geben und 8 Min. kochen. Die Eier abschrecken, dann pellen und achteln. Gemüse waschen. Paprika in dünne Streifen, Gurke in Scheiben schneiden,

Tomaten halbieren. Salat trocken schleudern und in mundgerechte Stücke zupfen. Öl aus der Thunfischdose abgießen und den Thunfisch in Stücke zupfen.

Für die Vinaigrette Sardellen fein hacken. Mit Olivenöl, Senf, Essig, Salz und Pfeffer mischen. Den Salat mit Vinaigrette und Oliven anrichten.

Estragon-Mayonnaise

ZUTATEN

- » 1 Stängel Estragon
- » 250 ml Sonnenblumenöl
- » 2 Eier (Größe M)
- » Salz, Pfeffer
- » 1 TL Dijon-Senf
- » 2 TL Zitronensaft

Alle Zutaten aus dem Kühlschrank nehmen, bis sie Zimmertemperatur erreicht haben. Estragon waschen, trocken tupfen, Blätter abzupfen und grob hacken. Sonnenblumenöl in einen schmalen Behälter füllen. Die Eier und den Estragon in das Öl geben. Einen Pürierstab in die Masse halten und darauf achten, dass

beide Eigelb unter dessen Wölbung verschwinden. Dann den Pürierstab anschalten und mit der Zeit langsam nach oben ziehen.

Die cremige Mayonnaise mit Salz, Pfeffer, Senf und Zitronensaft abschmecken. In ein Gläschen füllen und verschließen.

Tipp

Die Mayonnaise ist gekühlt und im Einmachglas zwei bis drei Tage haltbar.

Crêpes

- » 1 Ei (Größe M)
- » 70 g Mehl
- » Salz

- » 140 ml Milch
- » etwas Butter

- » Nuss-Nougat-Creme
- » Banane

VORBEREITUNG

Ei, Mehl und 1 Prise Salz verrühren. Dann langsam die Milch hinzugeben, bis ein flüssiger Teig entsteht. Den Teig 15 Minuten ziehen lassen.

ZUBEREITUNG

Ein kleines Stückchen Butter in ein Pfännchen geben und unter dem Grill schmelzen. Dann etwa 2 EL Teig darauf geben und verstreichen. Im Raclette-Gerät 4–5 Minuten backen. Nach Wunsch mit Nuss-Nougat-Creme und Bananenscheiben, alternativ mit Konfitüre oder Zimt-Zucker, servieren.

Orient

Koriander-Kartoffeln
MIT GRANATAPFEL

ZUTATEN

» 600 g kleine, dünn-
  schalige Kartoffeln
  (z. B. Drillinge)

» ½ Bund Koriander-
  grün
» 3 EL Olivenöl

» 1 Granatapfel
» 200 g Raclette-Käse
» Salz, Pfeffer

VORBEREITUNG

In einem großen Topf Salzwasser aufkochen. Die Kartoffeln waschen und
15–20 Minuten im Wasser garen, bis sie
sich einfach einstechen lassen. Abschrecken und auskühlen lassen. Abhängig
von der Kartoffelgröße halbieren oder
vierteln. Koriander waschen, trocken tupfen und fein hacken. Zusammen mit 3 EL
Olivenöl unter die Kartoffeln mischen.

Granatapfel halbieren. Die aufgeschnitte-
ne Seite auf die offene Handinnenseite
legen und diese über eine Schüssel in
der Spüle halten. Dann mit einem Löffel
auf den Granatapfel schlagen (Auf die
Finger aufpassen!) und dadurch die Granatapfelkerne auslösen.

ZUBEREITUNG

Kartoffel-Mix mit Granatapfelkernen in
ein Pfännchen geben und mit Raclette-
Käse belegen. Dann 3 Minuten unter
dem heißen Grill backen. Mit Salz und
Pfeffer würzen.

Überbackene
AUBERGINE

ZUTATEN

- » 1 Aubergine
- » 1 TL grobes Salz
- » 3 EL Olivenöl
- » 100 g Ziegenfrisch-
  käse

- » ½ Limette
- » 1 TL Honig
- » ¼ TL gemahlener
  Koriander

- » ¼ TL gemahlener
  Kreuzkümmel
- » Salz, Pfeffer
- » 1 EL gehackte
  Petersilie

VORBEREITUNG

Aubergine waschen und quer in Schei-ben schneiden. Mit dem Salz vermischen und 15 Minuten ziehen lassen. Dann ab-spülen, abtrocknen und portionsweise im Öl anbraten.

Den Ziegenfrischkäse cremig rühren. Die Limette auspressen und den Saft unter die Creme rühren. Den Honig, den Koriander, Kreuzkümmel, Salz und Pfeffer untermischen.

ZUBEREITUNG

Jeweils ein paar Auberginenscheiben in ein Pfännchen legen, mit Ziegenkäse toppen und 2 Minuten unter dem heißen Raclette-Grill braten. Mit Salz, Pfeffer und Petersilie bestreuen.

Paprika-Kichererbsen
PFÄNNCHEN

ZUTATEN

- » 1 rote Paprika
- » 3 TL Olivenöl
- » Salz, Pfeffer
- » 1 TL Paprikapulver
- » 2 TL flüssiger Honig

- » 240 g Kichererbsen (Dose, 400 g Füllgewicht)
- » ¼ TL gemahlener Kreuzkümmel

- » ¼ TL Currypulver
- » 50 g Haselnusskerne
- » 200 g Raclette-Käse

VORBEREITUNG

Die Paprika waschen, trocknen und in schmale Spalten schneiden. 1 TL Olivenöl in einer Pfanne erhitzen und die Paprikaspalten kurz anbraten. Mit Salz, Pfeffer und Paprikapulver würzen. Zum Schluss Honig hinzufügen und untermischen. In eine Schale füllen und abkühlen lassen.

Kichererbsen abgießen und abspülen. Dann mit dem restlichem Olivenöl, Kreuzkümmel, Currypulver, Salz und Pfeffer würzen. Haselnusskerne grob hacken und in einer Pfanne ohne Öl rösten, bis sie fein duften.

ZUBEREITUNG

Honigpaprika, gewürzte Kichererbsen und Haselnüsse in ein Pfännchen geben und mit dem Raclette-Käse belegen. Unter dem heißen Raclette-Grill 3 Minuten backen.

Kebab-Spieß

ZUTATEN

- » 40 g Rosinen
- » 1 Zwiebel
- » 3 Stängel Petersilie
- » 2 EL Tomatenmark

- » 400 g Lammhack-fleisch (alternativ Rinderhack)
- » 2 EL Paprikapulver, edelsüß

- » 1 TL gemahlener Kreuzkümmel
- » 1 TL Zimtpulver
- » Salz, Pfeffer

VORBEREITUNG

Rosinen fein hacken. Zwiebel schälen und sehr fein würfeln. Petersilie waschen, trocken tupfen und ebenso hacken. Rosinen mit Zwiebelstückchen, Petersilie und Tomatenmark unter das Hackfleisch kneten. Mit Paprikapulver, Kreuzkümmel, Zimt, Salz und Pfeffer würzen.

8 Schaschlickspieße mind. 30 Minuten in kaltem Wasser einweichen. Hackfleischmasse achteln und zu langen Würsten formen. Auf die Schaschlikspieße stecken und andrücken.

ZUBEREITUNG

Spieße auf der heißen Platte des Raclette-Grills 6 Minuten ringsum braten.

Sesam-Feta-Würfel

ZUTATEN

» 100 g Feta
» 1 Ei (Größe M)

» 3 EL Mehl
» 2 EL Sesam

» 1 TL Schwarzkümmel

VORBEREITUNG

Feta in mittelgroße Würfel schneiden. Das Ei in einen flachen Teller schlagen und verquirlen. In einen weiteren Teller das Mehl füllen und in einen dritten Sesam und Schwarzkümmelsamen. Die Feta-Stückchen zuerst im Mehl wenden, dann im Ei und zuletzt im Sesam.

ZUBEREITUNG

Die panierten Sesam-Würfel auf dem heißen Raclette-Grill etwa 7 Minuten braten. Dabei mehrfach wenden.

Hummus

ZUTATEN

» 240 g Kichererbsen (Dose, 400 g Füllge-wicht)
» 1 Knoblauchzehe

» 5 getrocknete, in Öl eingelegte Tomaten
» 2 EL Sesampaste (Tahin)
» 3 EL Olivenöl

» 3 EL Zitronensaft
» 1 TL gemahlener Kreuzkümmel
» Salz, Pfeffer

Die Kichererbsen in einem Sieb abtropfen lassen. Den Knoblauch schälen. Die getrockneten Tomaten auf einem Küchenpapier abtropfen lassen. Die Kichererbsen mit Knoblauch, Tomaten,

Sesampaste, Olivenöl, Zitronensaft und Kreuzkümmel in einen Mixer geben. Pürieren und 5–7 EL Wasser hinzugeben, bis eine homogene Masse entsteht. Mit Salz und Pfeffer abschmecken.

Tabouleh

ZUTATEN

- » 100 g Bulgur
- » ½ Bund Petersilie
- » 2 Stängel Minze
- » 3 Tomaten
- » 2 Schalotten
- » 6 EL Olivenöl
- » 2 EL Zitronensaft
- » Salz, Pfeffer
- » ½ TL Paprikapulver, edelsüß

Bulgur in ausreichend Wasser 15 Minuten einweichen. Dann in ein großes Sieb gießen und abtropfen lassen. In der Zwischenzeit Petersilie und Minze waschen, trocken tupfen und fein hacken.

Tomaten waschen, halbieren, Strunk entfernen und würfeln. Schalotten schälen und würfeln. Alles mit dem Bulgur vermischen. Mit Olivenöl, Zitronensaft, Salz, Pfeffer und Paprikapulver würzen.

Rote Bete-Salat

ZUTATEN

- » 500 g Rote Bete (vakuumiert)
- » 3 EL Pistazienkerne
- » 100 g Feta
- » 1 Orange
- » 2 Stiele Minze
- » 3 EL Olivenöl
- » 1 TL Honig
- » 1 EL Rotweinessig
- » 1 TL Senf
- » ¼ TL gemahlener Koriander
- » Salz, Pfeffer

Rote Bete abtropfen lassen und in ca. 2 cm große Würfel schneiden. Pistazien hacken und den Feta zerbröseln. Die Orange filetieren. Minze waschen, trocken tupfen und die Blättchen abzupfen.

Für das Dressing Olivenöl, Honig, Essig und Senf mischen. Mit Koriander, Salz und Pfeffer würzen. Unter die Rote Bete mischen und in einer flachen Schüssel anrichten. Mit Orangenfilets, Pistazien, Feta und Minze belegen.

Tahin-Sauce

ZUTATEN

- » ½ Zitrone
- » 100 g Sesampaste (Tahin)
- » 1 TL flüssiger Honig
- » Salz, Pfeffer

Die ½ Zitrone auspressen. Sesampaste mit 50 ml Wasser vermischen, dann Saft unterrühren. Honig einmischen. Sauce mit Salz und Pfeffer würzen.

Warmer Obstsalat
MIT PISTAZIEN

ZUTATEN

- » 1 Apfel
- » 2 TL Limettensaft
- » 1 Banane
- » 100 g dunkle, kernlose Trauben
- » ½ Granatapfel
- » 2 EL flüssiger Honig
- » 2 EL Pistazienkerne

VORBEREITUNG

Apfel schälen, halbieren und Kerngehäuse entfernen. Grob würfeln und mit dem Limettensaft mischen. Banane schälen, in Scheiben schneiden und ebenfalls untermischen. Die Trauben waschen, trocknen, von der Rispe ziehen und halbieren. Die Granatapfelkerne auslösen. Das Obst vermischen und mit Honig süßen. Pistazien hacken.

ZUBEREITUNG

Je 2 EL Obstsalat in die Pfännchen füllen und die gehackten Pistazien darauf verteilen. Ca. 3 Minuten im heißen Raclette-Gerät erwärmen.

Griechenland

Brotsalat-

PFÄNNCHEN

ZUTATEN

- » 100 g Vollkornbrot (vom Vortag)
- » 1 Knoblauchzehe
- » 1 EL Olivenöl
- » 2 Stängel Minze

- » 2 Tomaten
- » 1 EL Kapern (in Salz eingelegt)
- » 2 TL flüssiger Honig

- » 100 g schwarze, große Oliven (ohne Stein)
- » 1 rote Zwiebel
- » 100 g Feta

VORBEREITUNG

Ofen auf 180 °C Ober-/Unterhitze vorheizen. Brot in kleine Würfel schneiden. Knoblauch schälen, fein hacken und mit dem Olivenöl mischen. Minze waschen, trocken tupfen, ebenso hacken und hinzugeben. Mix mit den Brotwürfeln vermischen und in eine ofenfeste Form füllen. 15 Minuten im heißen Ofen (Mitte) kross backen. Dann abkühlen lassen.

Tomaten waschen, halbieren, den Strunk entfernen und klein würfeln. Die Kapern abwaschen und grob hacken. Mit den Tomaten unter den Honig mischen. Oliven in Ringe schneiden. Zwiebel schälen und in Halbmonde schneiden. Den Feta grob zerbröseln.

ZUBEREITUNG

Jeweils eine Mischung aus Tomatenmix, Oliven, Zwiebeln und Brotwürfeln in die Pfännchen füllen. Mit Feta toppen und 3 Minuten unter dem heißen Raclette-Grill backen.

Moussaka

ZUTATEN

- » Salz
- » 400 g festkochende Kartoffeln
- » 1 Zwiebel
- » 1 Knoblauchzehe
- » 3 EL Olivenöl

- » 200 g gemischtes Hackfleisch
- » Pfeffer
- » ½ Bund Petersilie
- » 1 kleine Aubergine
- » 1 TL grobes Salz

- » 2 Tomaten
- » 150 ml passierte Tomaten
- » ½ TL Paprikapulver, edelsüß
- » 200 g Raclette-Käse

VORBEREITUNG

In einem großen Topf Salzwasser aufkochen. Die Kartoffeln waschen und 20–25 Minuten im Wasser garen. Abschrecken, pellen und auskühlen lassen. Dann in Scheiben schneiden.

Zwiebel und Knoblauch schälen und in feine Würfel schneiden. 1 EL Öl in einer Pfanne erhitzen. Zwiebel und Knoblauch glasig dünsten. Das Hackfleisch hinzugeben und krümelig braten. Abkühlen lassen und mit Salz und Pfeffer würzen. Zum Schluss die Petersilie hacken und untermischen.

Die Aubergine waschen und quer in Scheiben schneiden. Mit grobem Salz vermischen und 15 Minuten ziehen lassen. Anschließend abspülen, abtrocknen und portionsweise im restlichen Öl anbraten.

Die Tomaten waschen und in Scheiben schneiden. Die passierten Tomaten mit Salz, Pfeffer und Paprikapulver würzen.

ZUBEREITUNG

In jedes Pfännchen 2 Kartoffelscheiben, etwas Hackfleisch, 1 Auberginenscheibe und 1–2 Tomatenscheiben legen. Ein wenig Tomatensauce darauf verteilen und mit Raclette-Käse belegen. Unter dem heißen Raclette-Grill etwa 4 Minuten garen.

Kartoffeln mit
FRISCHKÄSE

ZUTATEN

- » Salz
- » 600 g festkochende Kartoffeln
- » 1 Knoblauchzehe
- » 100 g Frischkäse
- » 1 TL Zitronensaft
- » Pfeffer
- » 2 Stängel Petersilie

VORBEREITUNG

In einem großen Topf Salzwasser aufkochen. Kartoffeln waschen und 15–20 Minuten im Wasser garen. Abschrecken, pellen und auskühlen lassen. Anschließend in Scheiben schneiden.

Knoblauch schälen und fein hacken. Mit dem Frischkäse und dem Zitronensaft mischen, mit Salz und Pfeffer abschmecken. Petersilie waschen, trocken tupfen und fein hacken. Etwas Petersilie zur Dekoration aufheben, den Rest untermischen.

ZUBEREITUNG

Je ein paar Kartoffelscheiben in ein Raclette-Pfännchen geben und mit 1–2 TL Frischkäse-Creme toppen. Unter dem heißen Raclette-Grill 4 Minuten garen. Zum Schluss mit Petersilie bestreuen.

Souvlaki-
SPIESSE

ZUTATEN

- » ½ Zitrone
- » 1 Knoblauchzehe
- » 1 EL Olivenöl
- » ½ TL getrockneter Oregano
- » Salz
- » 250 g Schweinefleisch (Nacken)

VORBEREITUNG

Zitrone auspressen. Knoblauch schälen und durch eine Knoblauchpresse drücken. Mit Zitronensaft und Öl mischen. Oregano unterrühren und mit Salz abschmecken.

Das Schweinefleisch waschen, trocken tupfen und in mundgerechte Stücke schneiden. Mit der Marinade mischen und für mindestens 1 Stunde im Kühlschrank ziehen lassen.

8 Holzspieße 15 Minuten in Wasser einlegen. Dann jeweils 3 Fleischstücke auf den Spieß stecken.

ZUBEREITUNG

Spieße von beiden Seiten je 4 Minuten auf dem heißen Raclette-Grill braten.

Gewürzter Halloumi

ZUTATEN

» 1 TL Koriandersamen
» 1 TL Fenchelsamen
» Saft von ½ Zitrone

» 1 TL getrockneter Thymian
» 1 TL flüssiger Honig

» 2 EL Olivenöl
» 250 g Halloumi

VORBEREITUNG

Koriander- und Fenchelsamen im Mörser zerstoßen. Mit Zitronensaft, Thymian, Honig und Olivenöl vermischen. Halloumi in dünne Scheiben schneiden und mit der Marinade einstreichen. Mindestens 15 Minuten im Kühlschrank ziehen lassen.

ZUBEREITUNG

Halloumi auf dem heißen Raclette-Grill von beiden Seiten 5 Minuten anbraten.

Garnelen-Spieße

ZUTATEN

» 1 kleine Zwiebel
» 1 Knoblauchzehe
» 4 Stängel Petersilie

» 4 EL Olivenöl
» 1 Bio-Limette

» Salz, Pfeffer
» 12 geschälte Garnelen

VORBEREITUNG

Zwiebel und Knoblauch schälen und fein hacken. Petersilie waschen, trocken tupfen und hacken. Zwiebel, Knoblauch und Petersilie mit Olivenöl mischen. Limette heiß waschen, trocken reiben und die Schale in Zesten abziehen. Saft einer Limettenhälfte auspressen. Zesten und 2 TL Saft unter das Öl rühren. Mit Salz und Pfeffer würzen. Garnelen waschen und trocken tupfen. Zur Marinade geben, vermischen und mind. 2 Stunden ziehen lassen. Je 3 Garnelen auf einen Spieß stecken.

ZUBEREITUNG

Garnelen-Spieße auf einem weniger heißen Bereich des Raclette-Grills 3 Minuten braten.

Gefüllte Weinblätter

ZUTATEN

- » 3 Frühlingszwiebeln
- » 1 Knoblauchzehe
- » 100 g Langkornreis
- » 2 Stängel Dill
- » 2 Stängel Petersilie
- » 2 Stängel Minze
- » Salz, Pfeffer
- » 250 g gegarte und gesalzene Weinblätter (vakuumverpackt)
- » 1 Bio-Zitrone
- » 1 EL Olivenöl
- » 1 EL Gemüsebrühe

Die Frühlingszwiebeln waschen, halbieren und klein schneiden. Knoblauch schälen und fein würfeln. Beides mit dem rohen Reis mischen. Kräuter waschen und fein hacken. Je 2 EL unter den Reismix geben. Mit Salz und Pfeffer würzen. Weinblätter gut abspülen. Jeweils ein Blatt flach hinlegen und 1 EL ungekochte Reismasse in die Mitte geben. Weinblatt von zwei Seiten einschlagen, von der anderen Seite locker aufrollen und beiseite legen. So die komplette Reismischung aufbrauchen. Übrige oder kaputte Weinblätter auf den Boden eines großen, flachen Topfes legen. Dann die gefüllten Weinblätter nebeneinander in den Topf schichten. Zitrone heiß waschen und in Scheiben schneiden. Diese auf den Weinblättern verteilen.

Den Topf mit so viel Wasser füllen, bis die Zitronenscheiben gerade so bedeckt sind. Olivenöl darauf verteilen. Mit einem Teller abdecken. Mit einem kleinen Topf beschweren. Aufkochen, dann Temperatur stark verringern und mit aufgelegtem Deckel 50 Min. köcheln lassen.

Tsatsiki

ZUTATEN

- » 1 Landgurke
- » 1 Knoblauchzehe
- » 250 g griechischer Joguhrt
- » 1 EL Olivenöl
- » ½ TL Dillspitzen
- » Salz, Pfeffer

Gurke waschen, schälen und grob reiben. In einem Sieb 20 Minuten abtropfen lassen. Dann gut ausdrücken. Knoblauch schälen und fein hacken. Gurkenraspeln mit Knoblauch, Joghurt, Olivenöl und Dillspitzen mischen. Mit Salz und Pfeffer würzen. Vor dem Servieren mindestens 30 Minuten im Kühlschrank ziehen lassen.

Tipp

Zum Servieren noch nach
Belieben mit frisch ge-
hacktem Dill bestreuen.

Tintenfisch-
SALAT

ZUTATEN

» 1 küchenfertige
   Tintenfischtube
   (ca. 400 g)

» 5 EL Olivenöl
» 4 Stängel Petersilie

» 1 Bio-Limette
» Salz, Pfeffer

Tintenfischtube an der Fischtheke säubern lassen. Daheim mit kaltem Wasser abspülen und mit einem Küchentuch abtrocknen. Die Tube in Ringe und die Tentakel in Stücke schneiden.

1 EL Olivenöl in einer Pfanne erhitzen und den Tintenfisch für 1–2 Minuten darin anbraten.

Petersilie waschen, trocken tupfen und grob hacken. Limette heiß waschen, mit einem Küchentuch trocken reiben. Hälfte der Schale in Zesten abziehen. Dann die Limette halbieren und den Saft einer Hälfte auspressen. Die andere Hälfte in sehr dünne Scheiben schneiden. Saft, Zeste und Petersilie mit Olivenöl mischen. Mit Salz und Pfeffer abschmecken. Die Marinade und die Limettenscheiben unter den Tintenfisch heben.

Tipp

Der Tintenfisch darf keinesfalls zu lange gebraten werden, sonst wird er zäh.

Griechischer
JOGHURT

ZUTATEN

- » 40 g Walnusskerne
- » 30 g Haselnusskerne
- » 50 g flüssiger Honig
- » 400 g griechischer Joghurt

VORBEREITUNG

Walnusskerne und Haselnusskerne grob hacken. Dann ohne Öl in eine Pfanne geben und rösten, bis sie duften. Mit dem Honig in ein Schälchen geben und vermischen. Griechischen Joghurt in Schälchen für die Gäste anrichten.

ZUBEREITUNG

Je 2 EL Honig-Nuss-Mischung in den sauberen Raclette-Pfännchen verteilen und 3–4 Minuten unter dem heißen Raclette-Grill erwärmen. Die Honignüsse auf dem Joghurt verteilen.

Schweiz

Spätzle-
PFÄNNCHEN

ZUTATEN

- » 5 Zwiebeln
- » 3 EL Butter
- » Salz

- » 1 Pck. Spätzle (400 g, aus dem Kühlregal)

- » 200 g Raclette-Käse

VORBEREITUNG

Zwiebeln schälen und in Ringe schneiden. In Butter knusprig braun braten. Salzwasser aufkochen, Spätzle 2 Minuten kochen und anschließend abseihen.

ZUBEREITUNG

Spätzle und Zwiebeln in ein Pfännchen verteilen. Mit 1 Scheibe Raclette-Käse belegen und unter dem heißen Grill für 3 Minuten überbacken.

Älplermagronen-
PFÄNNCHEN

ZUTATEN

- » 200 g festkochende Kartoffeln
- » 100 g Sahne
- » 1 TL Gemüsebrühe
- » 125 g Hörnli-Nudeln (oder Maccaroni)
- » Salz, Pfeffer
- » 1 Apfel
- » 4 EL Röstzwiebeln
- » 200 g Raclette-Käse

VORBEREITUNG

Kartoffeln waschen, schälen und in 1 cm große Würfel schneiden. Sahne und 250 ml Wasser in einen Topf geben, Gemüsebrühe einrühren und aufkochen. Kartoffelwürfel hineingeben und 10 Minuten kochen. Die Nudeln hinzugeben und offen weitere 8 Minuten (je nach Packungsanweisung) kochen, bis nur noch wenig Flüssigkeit übrig ist. Mit Salz und Pfeffer würzen. In eine Schüssel füllen und abkühlen lassen. Apfel waschen, schälen und halbieren. Kerngehäuse entfernen und in dünne Scheiben schneiden.

ZUBEREITUNG

Kartoffel-Nudel-Mix, Apfelscheiben und Röstzwiebeln in ein Pfännchen verteilen und mit Raclette-Käse belegen. Dann 3 Minuten unter dem heißen Raclette-Grill überbacken.

Klassisches
RACLETTE

ZUTATEN

- » Salz
- » 600 g festkochende Kartoffeln
- » 1 Glas Silberzwiebeln (320 g Füllgewicht)
- » 1 Glas Cornichons (330 g Füllgewicht)
- » 200 g Raclette-Käse

VORBEREITUNG

In einem großen Topf Salzwasser auf-kochen. Kartoffeln waschen und 20–25 Minuten im Wasser garen. Abschre-cken, pellen und auskühlen lassen. Anschließend in Scheiben schneiden. Silberzwiebeln und Cornichons abtrop-fen und in Schälchen verteilen.

ZUBEREITUNG

Kartoffeln, Silberzwiebeln und Corni-chons in ein Raclette-Pfännchen geben. Je 1 Käsescheibe darauf legen und für 3 Minuten unter dem heißen Raclette-Grill überbacken.

Käseschnitte à la
KÄSEFONDUE

ZUTATEN

- » 200 g Raclette-Käse (am Stück)
- » 1 Ei (Größe M)
- » 2 EL Sahne
- » 50 ml Weißwein
- » Salz, Pfeffer
- » 8 Scheiben Graubrot, in ca. 1 cm dicken Scheiben

VORBEREITUNG

Käse reiben und mit Ei, Sahne und Weißwein vermischen. Mit Salz und Pfeffer abschmecken.

Brotscheiben halbieren oder dritteln, damit sie in die Raclette-Pfännchen passen.

ZUBEREITUNG

Jeweils 1 Scheibe Brot in ein Pfännchen geben und 1 EL Käsemasse darauf verteilen. Unter dem heißen Raclette-Grill 3 Minuten schmelzen.

Rösti

ZUTATEN

- » 350 g festkochende Kartoffeln
- » 75 g Greyerzer (Schweizer Hartkäse)
- » 1 Ei (Größe M)
- » Salz, Pfeffer

VORBEREITUNG

Die Kartoffeln waschen, schälen und grob reiben. Werden sie im Voraus zubereitet, Kartoffelraspel bis kurz vor dem Servieren in eine Schüssel voller Wasser legen. Dann zum Servieren gut abtropfen lassen.

Käse reiben und anschließend mit Kartoffeln, Ei, Salz und Pfeffer vermischen.

ZUBEREITUNG

Je 1 EL pro Person auf den Raclette-Grill geben und pro Seite 2 Minuten auf der heißen Grillplatte braten.

Kräuter-Quark

ZUTATEN

- » 250 g Quark
- » 2 EL Milch
- » 5 g frischer Dill
- » 10 g frische Petersilie
- » 10 g frischer Schnittlauch
- » Salz, Pfeffer

Quark mit Milch cremig verrühren. Dill, Petersilie und Schnittlauch waschen und trocken tupfen. Dill und Petersilie fein hacken, Schnittlauch in kleine Röllchen schneiden. Die Kräuter unter den Quark mischen und mit Salz und Pfeffer abschmecken. Den Quark für 2 Stunden kalt stellen und ziehen lassen.

Schweizer
WURSTSALAT

ZUTATEN

- » 100 g Emmentaler
- » 200 g Schinkenwurst
- » 4 Radieschen
- » 50 g Cornichons
- » 1 Zwiebel
- » ½ Bund Schnittlauch
- » 3 EL Sonnenblumenöl
- » 2 EL Weißweinessig
- » 1 EL körniger Senf
- » Salz, Pfeffer

Emmentaler und Schinkenwurst in Streifen schneiden. Radieschen waschen, trocknen und ebenso wie die Cornichons in Stifte schneiden. Zwiebel schälen und in Halbmonde schneiden. Schnittlauch waschen und in Röllchen schneiden.

Für das Dressing Öl, Essig und Senf mischen. Anschließend mit Salz und Pfeffer abschmecken. Dann mit den restlichen Zutaten vermischen.

Salat mit Bündnerfleisch

ZUTATEN

- » 3 EL Olivenöl
- » 2 EL Apfelessig
- » 1 TL süßer Senf
- » Salz, Pfeffer
- » Zucker
- » 100 g Feldsalat
- » 30 g Kürbiskerne
- » 50 g Bündnerfleisch in dünnen Scheiben

Olivenöl, Apfelessig und Senf kräftig mischen, mit Salz, Pfeffer und 1 Prise Zucker abschmecken. Feldsalat waschen, putzen und trocken schleudern.

Salat mit dem Dressing und den Kürbiskernen mischen. Bündnerfleisch zu Röllchen formen und mit dem Salat anrichten.

Zwiebel-Pilz-Dip

ZUTATEN

- » 2 Zwiebeln
- » 200 g frische Pilze
- » 2 TL Petersilie
- » 2 TL Olivenöl
- » 5 getrocknete Steinpilze
- » 100 g Crème fraîche
- » Salz, Pfeffer

Zwiebeln schälen und fein hacken. Pilze putzen und würfeln. Petersilie waschen und hacken. Öl in einer Pfanne erhitzen, die Zwiebeln glasig dünsten, dann Pilze hinzugeben und anbraten. Zum Schluss die Petersilie einmischen. Den Pilz-Mix

abkühlen lassen. Die getrockneten Steinpilze für 5 Minuten in einem mit Wasser gefülltem Glas einweichen. Dann zusammen mit den gebratenen Pilzen im Mixer grob pürieren. Crème fraîche einrühren und mit Salz und Pfeffer würzen.

Nidelwähe

ZUTATEN

FÜR DEN MÜRBETEIG
- » 70 g Butter
- » 75 g Zucker
- » 1 TL Vanillezucker
- » 200 g Mehl

- » Salz
- » 1 Ei (Größe M)

FÜR DIE FÜLLUNG
- » 200 g Sahne
- » 200 g Crème fraîche

- » 1 Ei (Größe M)
- » 2 EL Mehl
- » 75 g Zucker
- » Salz
- » 4 TL Rohrzucker

VORBEREITUNG

Butter und Zucker mit dem Handrührgerät cremig schlagen. Den Vanillezucker, Mehl, 1 Prise Salz und Ei unterkneten. Teig zu einer Kugel formen, in Frischhaltefolie wickeln und für 30 Minuten kühlen.

Ofen auf 200 °C Ober-/Unterhitze vorheizen. Für die Füllung Sahne, Crème fraîche, Ei, Mehl, Zucker und 1 Prise Salz vermischen.

Teig auf bemehlter Arbeitsfläche ausrollen und anschließend in eine Tarteform legen. Füllung auf den Mürbeteig geben und im heißen Ofen auf unterster Schiene 30–35 Minuten backen. Herausnehmen und vollständig auskühlen lassen. Den Rand wegschneiden und die Wähe in etwa so große Stücke schneiden, dass sie in die Raclette-Pfännchen passen.

ZUBEREITUNG

Jeweils ein Kuchen-Stückchen in das Pfännchen legen und mit 1 TL Rohrzucker bestreuen. Den Rohrzucker unter dem heißen Raclette-Grill 4 Minuten karamellisieren lassen.

Register

Über die
AUTORIN

Maria Panzer findet man meist mit einem Stückchen Kuchen in der einen Hand und ihrer Kamera in der anderen. Als studierte Ökotrophologin hat sie ihre Berufung zum Beruf gemacht und arbeitet als freie Foodfotografin und Autorin.

Dank

Danken möchte ich meinem Ehemann Dominik, der mich immer tatkräftig bei allen Projekten unterstützt und alles probiert, was ich ihm vorsetze. Meiner Familie, die immer hinter mir steht. Danke an meine Freunde für die kurzweiligen Racletteabende, die ich mit euch verbringen durfte! Ein großes Dankeschön geht auch an Kira, meine Projektmanagerin im Verlag, die mich mit ihrer Liebe zum Käse richtig angesteckt hat.

...NOCH MEHR TOLLE BÜCHER!

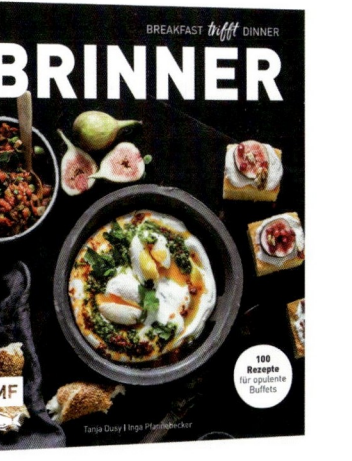

Brinner – gemeinsam gemütlich genießen
ISBN 978-3-96093-063-1
€ 20,00 (D) / € 20,60 (A)

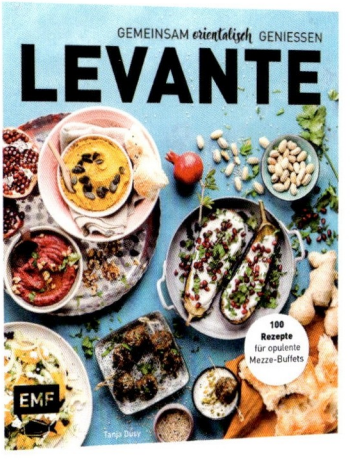

Levante – Gemeinsam orientalisch genießen
ISBN 978-3-96093-306-9
€ 22,00 (D) / € 22,70 (A)

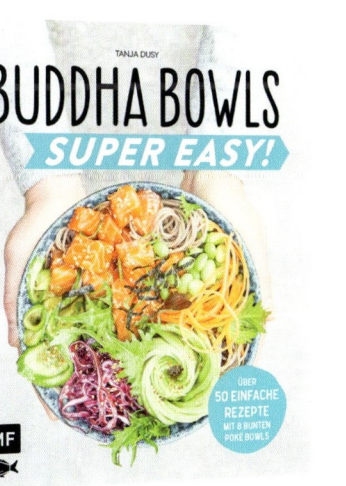

Buddha Bowls – Super Easy!
ISBN 978-3-96093-278-9
€ 17,00 (D) / € 17,50 (A)

Aloha – Das Hawaii-Kochbuch
ISBN 978-3-96093-334-2
€ 30,00 (D) / € 30,90 (A)

IMPRESSUM

Bibliografische Information der Deutschen Bibliothek.

Die Deutsche Bibliothek verzeichnet diese Publikation in der Deutschen Nationalbibliografie.

Detaillierte bibliografische Daten sind im Internet über http://www.dnb.de/ abrufbar.

EIN BUCH DER EDITION MICHAEL FISCHER

4. Auflage 2020

© 2019 Edition Michael Fischer GmbH, Donnersbergstr. 7, 86859 Igling

Cover, Layout & Satz: Silvia Keller

Projektmanagement und Lektorat: Kira Uthoff

Fotos: ©Maria Panzer

Illustrationen: S.7: ©Natalya Levish/Shutterstock, S.9: ©DiViArt/Shutterstock

ISBN 978-3-96093-422-6

Gedruckt bei Polygraf Print, Čapajevova 44, 08001 Prešov, Slowakei

www.emf-verlag.de